KB001446

조용중 세 번째 시선집

채석강 별곡

채
석
강 별
곡

조용중 세 번째 시선집

다산글방

세 번째 시집 발간에 즈음하여

늦둥이 고3 자녀를 둔 엄마로서 마음이 여간 산란치 않은 바가 아니어서, 이번 3집 발간에서는 잠시 멀어져 있고자 하였으나, 첫 출판 시도를 한 원죄가 있는 자로서 모른 체할 수 있는 상황이 아니게 돼버렸다.

역시 시작은 중요하다. (ㅎ)

과거 여고시절, 가을바람에 몸을 내맡긴 단풍과 낙엽들을 보며 시상(詩想)을 떠올리던 때가 있었건만, 지금은 시간이 흘러 중년의 나이가 되고 세속의 질량이 켜켜이 쌓이면서 그 흔적은 온데간데없어지고 말았다.

그러나 큰오래비는 초로의 나이에도 끊임없이 시상이 샘솟는다 하니, 정말 대단하고 존경스럽다. 술과 도박이 아닌 시작(詩作)으로써 위안을 받는다는 오래비의 말이, 나의 원죄에 더해 정말 벗어날 수 없는 올가미가 된 것이다.

스타PD 중의 한 분인 나영석 님이 몇 년 전 모 예능방송에 나와서 한 말이 인상적이다.

"예전엔 대단한 사람이 정말 대단해 보였으나 지금은 오랫동안 꾸준한 사람이 대단해 보이더라." ……

나 또한 나이가 들어갈수록 '강한 자가 살아남는 것이 아니라 살아남은 자가 강한 자'라는 말이 참 진리임을 몸소 느끼곤 하는 바, 아마 나PD 님의 말도 세상 평범하디 평범한 이 논리와 일맥상통하는 것이리라.

오래비의 첫 번째 시집에 수록된 〈참나무 한 그루〉라는 시의 시구에서처럼 "흔들바람 외면하는 그 자태"로 의연하고 꿋꿋하게 자신의 이상을 펼쳐나가는 큰오래비가 부럽고 자랑스럽다.

2024년 7월 30일
다락방의 소녀가

1.

두 번째 시집 〈내가 먼저 숲이 되어〉를 펴낸 후 약간 슬럼프에 빠졌다. 우선은 가족의 투병과 간병 및 기타 등등, 말 그대로 다사다난했던 한 해를 보내느라 경황이 없었고, 그다음엔 막연한 불안과 허무감 때문에 한동안 삶의 활력을 잃게 되었다.

나이 탓인지 모르겠지만 예전에는 별 감응이 없었던 타인의 병듦과 늙음과 죽음까지도 내 삶 속으로 들어와 나를 괴롭히는 것이었다. 사람은 결국 죽어야 하고 나 또한 그런 존재라는 데서 오는 슬픔과 무력감 같은 것들이 우울증으로 발전하는 듯하였다. 또한 특별히 잃어버린 것이 없음에도 불구하고 가슴 깊이 파고드는 상실감이 닳고 사라져가야만 하는 존재들에 대한 연민의 감정으로 발전하는 듯도 하였다.

한동안, 나란 존재는 아무런 가치도 없고 내 삶 또한 무의미하다는 생각뿐이었다. 그러나 설령 그것이 사실이라고 해도 그렇다고 인정하는 순간 삶은 더 이상 삶이 아니라 형벌이 될 것이었다. 이 모든 것은 어쩌면 삶을 목적이 아니라 수단으로 생각했기 때문에 느끼는 감정이 없는지도 모른다. 나는 여지껏 출세도 하지 못했고, 부유하게 살지도 못했고, 그렇다고 재미있게 살지도 못했다. 그러다가 인생 막바지에 다다랐다고 생각하니 억울하기까지 했었다. 그러나 비록 의미 없는 삶일지라도 의미를 부여하지 않고는 살아내기 힘든 것이 부조리한 삶의 조건인 것을 어찌하랴.

익히 알다시피 상처 입은 조개가 진주를 만든다. 우리는 보통 그 결과물인 진주는 알지만 그 이전의 아픔은 헤아리지 못한다. 그렇기 때문에 나는 차라리 행복한 조개가 부럽고 그렇게 살고 싶다. 진주를 만드는 조개보다 그냥 건강한 조개가 더 좋은 것이다. 그러나 만약 상처를 입었다면 진주를 만드는 것이 만들지 않는 것보다 더 의미 있을 뿐이라고 생각한다. 그렇다고 반드시 가치를 부여하는 삶을 살자고 하는 것도 아니다. 그냥 살 수 있으면 그냥 사는 것도 좋다. 다만 나는 그냥 그렇게 살 수 없기에 내 마음의 상처를 드러내는 것이다.

2.

    예술가들에게 창의력 못지않게 중요한 것은 창작열일 것이다. 역사 속에서 보면 행운의 예술가들에게는 영감의 원천이 되고 생의 의지를 고취시키는 뮤즈가 곁에 있었다. 나에게 있어 그 역할은 동생들이 하지 않았나 싶다. 첫 번째 시집 〈세내교 다리 아래서〉가 없었다면 두 번째 시집과 세 번째 시집도 나올 수 없었을 것이다. 못난 형(오빠)이지만 단 한 번도 거스르지 않고 존중해준 동생들(용민, 이성, 현순, 용섭)에게 감사의 마음을 전한다. 그리고 1부에서 5부까지는 최근 2년간의 글이지만 마지막 6부는 그 이전에 써놓았던 글임을 밝힌다.

2024. 7. 30.

효자동 우거(寓居)에서 조용중

차례

1
민들레꽃

2
비누의 노래

3

숲속에서

4

달팽이 우체국

5
인스턴트식 사랑

6
가을 하루, 시간의 흔적들

1

민들레꽃

민들레꽃

무심코 길을 걷다가 발에 밟힌 그 무엇,
보도블럭 사이에 민들레꽃이 피어있었다
차라리 개똥이었다면 그냥 지나쳤을 것을
하필이면 그것은 한 송이 꽃이었다

허리춤에 걸친 옷은 낡고 해졌는데
마주친 그 눈빛이 얼마나 그윽했던지
밟은 건 미안했지만 사과는 하지 않았다
대신 그를 만난 행운에 감사를 드렸다

무수한 구둣발을 원망치 않고
악착같이 일어나 피고야 마는 꽃
이제 막 득도한 듯 미소 짓는
얼굴은 보름달이 되고 있었다

사람은 왜 사람을 죽이는 것인지
침묵하던 하느님의 음성이 들려왔고,
나는 그때부터 사랑받는 사람이 아니라
사랑하는 사람이 되기로 하였다

별

당신과 헤어진 오늘
별 하나 보이네요

물끄러미 나를 바라보는 별
혹시 당신인가요

묻고 또 물어도
그리움은 끝이 없는데

다시는 볼 수 없는 사람
조용히 두 눈 감으면

오늘 하루
얼마나 많은 이별이 있었기에

넓고 깊어지는
강물 소리

가을과 추억

오늘 아침 나 홀로 숲길을 걷고 있을 때
느티나무 위에서 새 소리가 들려왔어요
고개 들어 하늘을 보니 새는 보이지 않고
색종이 같은 나뭇잎 한 장 떨어지고 있었어요

쪽지라도 되는 듯이 손에 쥐고서 꽤 오래
기다렸지만 새는 나타나지 않았어요
탑돌이 하는 사람처럼 그 나무 곁을 돌고 또 돌았어요
나뭇잎 사이로 얼굴을 내민 나팔꽃이 보였어요

이별보다 슬픈 것은 추억이 없는 거래요
무더운 여름이 없었다면 가을의 낙엽도 없었겠지요
혼자 있는 시간은 쓸쓸했지만 추억하는 순간은 행복했어요
감사의 기도를 마치고 집으로 돌아왔어요

첫눈의 점묘화

밤은 깊은데 누군가가
유리창을 두드리고 있어요
모두가 잠든 이 시간에
도대체 누구일까요

날개 달린 요정이 다가와
검은 창에 하얀 점을 찍고 있어요
작은 점 하나가 둘이 되고 셋이 되어
누군가의 얼굴을 그리고 있어요

입술 속에 떠오르는 그 이름을
더듬더듬 손가락이 쓰고 있어요
성질 급한 바람은
스케치북을 넘기고 있어요

지난날 만나고 헤어졌던 사람들
까맣게 잊고 있었어요
첫눈이 기억하는 그 사람도
오늘 밤 창밖을 보고 있겠지요

채석강 별곡 – 딸에게

파도야
파도야
하고 싶은 말
내게 다
털어놓고 가거라

밀물이 네 생의 1막이라면
나는 너의 알뜰한 관객

듣고 또 들어도
언제나 같은 사연을
너는 처음인 듯 그렇게
읊고 또 읊지만
나는 괜찮다

아침은 아침대로
저녁은 저녁대로
그 목청은 다르니까

파도야
파도야
하고 싶은 말
내게 다
털어놓고 가거라

썰물이 네 생의 2막이라면
나는 너의 살뜰한 관객

보고 또 보아도
날마다 같은 대목을
너는 처음인 듯 그렇게
쓰고 또 쓰지만
나는 괜찮다

오늘은 오늘대로
내일은 내일대로
그 필체는 다르니까

기연(奇緣)

오늘 아침
매화꽃 한 송이 툭 터져 나와
나와 얼굴을 마주쳤다

오늘 저녁
물고기 한 마리 쑥 튀어 올라
나와 눈이 마주쳤다

오늘 밤
나는 번데기처럼 골방에 틀어박혀
나의 봄을 기다린다

지금 밖에는
그때까지 나를 기다려줄
누가 있을까?

나비

불 꺼진 바다
어두운 바다

고요한 바다는 아직 자기가 바다인 줄 모른다

미풍이라도
아주 작은 미풍이라도
어디선가 바람이 불어올 때
간지러운 바다는 간신히 자기가 바다인 줄 안다

누군가의 손짓 하나가
누군가의 몸짓 하나가
미치도록 서럽게 그리워지는 날
하루 종일 파도치고 싶은 날

도대체 어디에 있을까
내 마음의 전원을 켤 이는

그리움 3

앞마당에 떨어진 꽃잎 하나,
그가 있다는 것이
얼마나 큰 기쁨인 줄 나는 미처 몰랐으니
아무 때나 가라고 말했었구나
이별은 필연이지만
오늘에서야 나는 그가 다시 올 날을 묻는구나

뒷마당에 떨어진 낙엽 하나,
그가 없다는 것이
얼마나 큰 슬픔인 줄 나는 미처 몰랐으니
아무 때나 오라고 말했었구나
만남은 우연이지만
오늘에서야 나는 그가 다시 올 것을 믿는구나

기적

적막을 깨트리는 전화 벨 소리

그제야 문득 잠에서 깨어나는 나

아, 나는 아직 살아있었구나

얼마나 놀라운 일인가

겨우 전화 한 통이 한 생명을 깨우다니

동해를 다녀와서

바다는 분명 그 자리에 두고 왔는데
귓가에는 여전히 파도소리

누가 동해에 가거든
귓속말은 이제 그만두라고 타일렀으면…

사진엽서

당신이 보내 준 사진 속
웃고 있는 모습은 여전히 아름답네요
하지만 웃는 소리가 들리지 않아요
당신은 무엇보다 웃음소리가 매력인데요
그리고 또 하나 당신의 향기도 빠져있어요
나는 어떤 꽃 냄새보다 당신의 체취가 좋거든요

당신이 보내 준 엽서 속
쓰여 있는 내용은 너무도 다정하네요
하지만 읽는 소리가 들리지 않아요
당신은 무엇보다 목청소리가 매력인데요
그리고 또 하나 당신의 억양도 빠져있어요
나는 어떤 새 노래보다 당신의 말투가 좋거든요

바람 2

당신은 보시나요, 춤을 추는 갈대를
마음은 보여줄 수 없어서
제가 대신 갈대를 깨웠습니다

이제는 아시나요, 아침 맞는 기쁨을
차마 말로 할 수 없어서
하루 종일 강물을 누볐습니다

당신은 보시나요, 꿈을 꾸는 별들을
마음은 보여줄 수 없어서
제가 대신 별들을 재웠습니다

이제는 아시나요, 밤을 맞는 행복을
차마 말로 할 수 없어서
밤새도록 하늘을 꾸몄습니다

바람 3

어느 날 불쑥 떠나버린 임이여,
하필이면 봄이어서 더욱 한숨짓노라
가는 길에 손 흔드는 꽃이 있거든
아직 못다 한 인사인 줄 아소서

어느 날 문득 생각나는 임이여,
하필이면 밤이어서 더욱 눈물짓노라
가는 길에 향기 나는 꽃을 보거든
아직 못 잊는 마음인 줄 아소서

뻐꾹소리

봄이 왔나 보다
뻐꾹소리

꽃이 폈나 보다
뻐꾹소리

네가 죽은 뒤에도 뻐꾹소리
해마다 쉬지 않고 창문을 두드려
먼 산만 바라보게 하는 날
진실로 깊은 마음은 말로 할 수 없으니
나도 따라 외마디 뻐꾹소리 뱉을 뿐이네

그때는 몰랐지만 지난날
너는 나의 봄이었어

그때는 몰랐지만 지난날
너는 나의 꽃이었어

환지통

너를 떠나보낸 후
나는 토르소가 되었다.

사는 데 필요한 것은 무엇인가?

감각의 촉수를 잃어버린 번뇌는
오히려 안식을 얻었거늘

도대체 너는 무엇이기에 나를 도발하느냐

상사화

너를 보면
언제나 즐거운 착각

갑자기 무언가가 생각난 듯
느닷없이 한 손을 쑥 내밀며
〈사랑해!〉

내 눈엔
꽃다발보다 더 이쁜
너의 흰 팔뚝

너를 보면
언제나 즐거운 상상

갑자기 무언가가 생각난 듯
느닷없이 고개를 홱 쳐들며
〈나, 어때?〉

내 눈엔
몸짓보다 더 당돌한
너의 속눈썹

어떤 산(山)

어떤 산은 가만히 있다가도 막상 다가가려고 하면 더 멀어진다
어떤 산은 가만히 있다가도 막상 들어가려고 하면 더 깊어진다
어떤 산은 가만히 있다가도 막상 올라가려고 하면 더 높아진다

어떤 산이 나를 닮았다고 생각하면 그 산이 싫다가도
내가 그 산을 닮았다고 생각하면 내가 싫어진다

눈에 보이는 산과
발로 가야만 하는 산이 다르듯이
생각과 마음은 비슷한 듯 다르다

언제부터인지 모르겠지만
다가오지도 않고
달아나지도 않는
본래 그 자리에 가만히 서 있는 것들이 더 좋다

춘정(春情)

해는
눈이라도 있는 듯이
나의 얼굴을 찬찬히
바라본다

바람은
손이라도 있는 듯이
나의 알몸을 샅샅이
더듬는다

아! 아름다운 계절
행복한 나는
도리없이 감탄사를 터뜨린다

앞 강을 보면
온몸이 간지럽고
뒷산을 보면
얼굴이 붉어지네

흉터

긁으면 긁을수록 더 가려운
가려움처럼
견딜 수 없음에 너의 이름을

나무에 새기고
바위에 새기고
마음에 새기고

단 하루도 그냥 지나간 날은 없었다

지금도 남아있는 흉터는
지난날
내 발병과 치유의 성적표다

별 볼 일 없는 하루

밤하늘의 별처럼 반짝이던 눈동자

한낮에도 꿈을 꾸게 하던 눈동자

그대 떠나고 나니 별 볼 일 없는 하루

혼자 있으니 영영 별 볼 일 없는 하루

2

비
누
의
노
래

비누의 노래

향기로운 너의 체취는 나의 기쁨
빛이 나는 너의 얼굴도 나의 기쁨

내 삶은 오직 너를 향한 외길이거니
너를 위하여 나는 기꺼이 죽노라

장미꽃 같은 그 향기,
보름달 같은 그 빛은 얼마나 경이로운가

아무도 모르리
나만의 은밀한 이 기쁨을

지문이 없는 사람

그 사람은 지문이 없었다
이름도 밝히지 않았다

단지 애엄마라고 했다
그렇게 불러달라고 했다

자기는 자식을 키우는 거름이라고 했다
거름 주는 사람이 아니라 그냥 거름이라고 했다
그런데 자기 이름은 알아서 뭐하냐고 했다

아! 나의 천박한 명예욕을 꾸짖는
어느 여인의 거룩한 무명(無名)

분명 명명(命名)된 존재였지만
한 번도 불린 적이 없는 그 이름

나는 그 없음에서 신성(神性)을 느낀다

자동문

만나면 반갑게 악수하던 사람들, 하나 둘 줄더니만
이제 내 곁은 목례하는 사람뿐
하물며 옛집조차 죄다 문고리가 없어졌으니...,

오래된 정이 그리워질 때
나는 어디로 가서 누구의 손을 잡을 것인가

면도 일기

큰 바위 얼굴에 검은 이끼가 낀다
이끼는 자라서 잎 큰 나무가 되고
덕분에 붉은 꽃은 그늘에 가린다

평소 모국어도 몇 마디 하지 않는 입술은
목이 타는 듯
갑자기 다변가가 되어 국적불명의 입냄새를 풍긴다

사람은 살아가면서 본래의 자기 얼굴을 잃어버린다
꾸미는 사람은 위선자가 되고 게으른 사람은 야수가 된다
나는 그냥 아무런 까닭도 없이 둘 다 싫다

거울 속에서만 흐르는 시간을 긁어낸다
얼굴 윤곽이 뚜렷한 초상화가 보인다
아직 소년 같은 웃음기를 머금고 있다

모래시계

남아있는 모래알이 줄어들수록 점점 더 빨라지는 심장의 박동
누구인가
이토록 실감 나게 사람의 일평생을 연출한 그는

자살하는 쥐떼처럼 절벽 끝으로 모여드는 모래알
심방에서 심실로 떨어지는 폭포수
기회는 단 한 번뿐인데 망설일 수 없는 강물의 운명

걸레

걸레는 빨아도 걸레라니
걸레는 얼마나 지조 높은 족속이냐

〈걸레만도 못한 나!〉
걸레질하다가 이거라도 깨달았으면

구멍 난 양말

하필이면 발가락 양말을 신었을 때
신발 벗을 일이 생기고
그런 날 대개 양말은 구멍 나 있다

아침까지는 멀쩡했던 양말을 신었기에
더욱 크게 느껴지는 배신감과 당혹감

구멍 낸 발가락 대신
구멍 난 양말이 무슨 죄가 있다고
오직 그만을 탓한다

…… 그리고 ……

누구나 당할 수 있는 일이지만
뒤늦게야 반성하는 것은

자신만은 아니라고 믿었기에
남에게 관대하지 못했던 지난날

비늘을 털며

한겨울에 눈 내리듯
머리에서 비늘이 떨어진다
내복 속에도 비늘 부스러기가 하얗게 묻어있다

나의 기도는 최소 하루에 한 번
물을 경배하고 추모하는 것으로 시작해야 한다

단 며칠만이라도 기도를 멈추면
나의 몸은 이렇게
조상의 족보를 내밀며 항거한다

나는 비록 물에서 왔지만
뭍에서 살기 위해 방수복은 벗어야 했다
그러나 내 안에는
아직도 버릴 수 없는 것이 남아있었다

살기 위한 변신은 무죄라고 타협할 때
반드시 올챙이가 나타나 꼬리를 흔든다

시간이 흘러 겉모습은 바뀌어도
머리에서 발끝까지
맨 처음 그 마음은 흘러야 한다

군무(群舞)

너는 비록 한 마리 작은 새에 불과할지라도
수많은 네가 모여 거대한 익룡이 되었다
그 그림자에 놀란 양떼는 울타리를 넘어 달아났고
목양견은 처참하게 밟혀 죽었다

너는 그냥 아무것도 몰랐다고 말하지 말라
너는 그냥 평소처럼 춤만 추었을 뿐이라고 말하지 말라
수증기가 모여서 태풍이 되고 물방울이 모여서 호우가 된다
고작 메뚜기 때문에 백성들이 굶어 죽고 망한 나라도 있었다

나목(裸木)

달력을 한 장 뜯으면
계절은 또 느닷없이 바뀌어
가을이 가고 겨울이 온다

빨리 지나가기를 바랐던 여름은 길었고
오래 계속되기를 바랐던 가을은 짧았다

한때는 희망으로 살았고
한때는 기쁨으로 살았으나
이제는 더 해야 할 일이 없다

시간이 더 가기 전에 마지막으로
남아있는 단 한 장의 미련마저 어서 떨어져
완벽한 나목(裸木)이 되었으면 좋겠다

종(鐘) 1

종이 운다
온몸을 떨며 신음하듯이 운다

그렇게 별나게 우는 소리가 듣기에 좋다고
사람들은 죄책감 없이 종을 친다

너그러운 종은 군말 없이 울어준다

울어도 그냥 울지 않는다
아픔을 참고 속울음 운다

사람들은 오해한다
종은 설움을 모른다고

속 깊은 종은 자기를 위해 울지 않고 남을 위해 운다
남을 위한 울음은 대놓고 흐느끼지 않는 것이다

속에서 나온 울음이라서 낮지만 여운이 길다
깊은 곳에서 나온 울음이라서 작지만 멀리까지 간다

종(鐘) 2

그대가 내 앞에 와서 무릎 꿇을 때
내 속은 텅 빈 듯 무너지더이다
아직도 미워지지 않는 그대여!
그대 있음에 나 또한 있었으니
나 그대를 위해 언제든 울어주리다

석종(石鐘)

무슨 이런 종이 있느냐고
한 대 툭 치면
내 속에서 나오는 울음

다른 종은 아무 생각 없이 마구 쳤지만
내 손이 아파 다시 칠 수 없는 종

직접 겪어보지 않으면
도저히 알 수 없는 소리

내 안에서 나도 모르게 우러나오는 것
귀가 아니라 마음으로 듣는 소리

아무도 모르게 나 혼자 들으라고 만든 종,
그 종을 보고 있으면
어디선가 죽비소리가 들려온다

노인들

가을이 오면 나무는 단풍이 들고
그 단풍마저 떨어지면 나목이 되고 말지요

평일 오전 공원을 찾는 사람도 나무를 닮아서
머리숱이 희거나 적거나 아예 없는 노인들 뿐이네요

지난날 낙엽처럼 벤치에 앉아있던 사람은 다시 오지 않아도
공원은 또 다른 사람이 와서 빈자리를 채우고 있어요

이파리 떨어진 나무의 모습이 비슷비슷하듯이
나이 들면 사람의 얼굴도 비슷비슷해지나 봐요

처음 보는 할아버지도 돌아가신 우리 할아버지 같고
처음 보는 할머니도 돌아가신 우리 할머니만 같아요

젊은 날의 화려한 의복은 벗었지만
가죽에 새겨진 무늬는 세상에서 가장 아름다워요

맨드라미

대궐집 앞마당에
벼슬 높은 분들이 모여있다

점잖은 벼슬아치들은
비가 와도 뛰지 않는다

녹봉에 길든 그들은
임금보다 높이 앉지 않는다

무고하게 사약을 받아도
그것이 숙명인 줄 안다

낙서 금지

나는 하고 싶다
금지된 것을

문상(問喪)

꽃 한 송이 피고 지는 것
매일 매일 일어나고 있는 일
사람이 나고 죽는 것
매일 매일 일어나고 있는 일

오늘은 오직 산자를 위해 있으니
세상사 야속하여라
아무런 걱정도 없이 꽃구경하는 사람들
이제 주검 앞에서 슬피 우는 건 볼 수가 없네

죽음은 죽은 자에게 맡기고
가슴에 묻는 슬픔은 하나도 없어라
죽은 것은 모두 다 불에 타 재가 되니라
재가 되어 허공중에 흩어지니라
강물에 흘러가니라

어떤 꽃은 피고 있는데
어떤 한 사람은 죽어가고 있네
어떤 한 사람은 죽어가고 있는데
어떤 꽃은 피고 있네

한여름의 얼음조각상

조각가는 왜 얼음 속에 잠든 물수리를 깨웠을까?

금방이라도 다시 출격하려는 전투기처럼 날개를 편 채
한 발은 물고기를 움켜쥐고
나머지 한 발로만 나무 꼭대기에 앉아있는 물수리,
분노에 가득 찬 두 눈은 어딘가 먼 곳을 응시하면서도 체념한 듯
미동도 하지 않는 날개는 깃털이 없었다

신의 보물창고에서 탈취된 생명은
태어나는 그 순간부터 사멸하고 있었구나
이는 곧 본향으로 돌아가려는 존재가
제 몸 바쳐 올리는 번제(燔祭)일까?

누더기를 벗고 알몸으로 목욕재계하는 듯

욕망의 주름살 하나씩 지우고 지워

마침내 그 이름마저 잊으려는 듯

제단 위에 선 희생은 한 치의 망설임도 없으니

하늘과 땅은 기꺼이 그 혼백을 받으시네

조각가는 아무 말도 하지 않았지만,

우리도 여기 얼음 조각상처럼 알게 모르게 조금씩 늙어

종래엔 흔적도 없이 사라지리라.

그러나 본래 그 자리로 돌아가는 귀향길에

슬픔의 눈물은 뿌리지 말자.

하늘과 땅은 삶과 죽음의 역사를

하루도 빠짐없이 모두 기록하고 있도다

손가락 하나

아무 일 없어 심심하다고 투덜거릴 때
기어이 엄지손가락 하나 다쳤다
우선 당장 수저를 잡지 못해 슬퍼진다
수저질만 할 수 있어도 행복한 것이라고
그것을 이제 알겠느냐고
엄지손가락은 목에 깁스를 하고 어록을 낭독한다

딱히 할 말이 없는 나는 백배사죄하고 반성문을 쓴다
아무 일도 없는 것이 가장 큰 행복이라고
존재감 없는 것이 알고 보면 가장 소중한 것이라고

미련한 미련

물속에 떨어진 잉크방울
매 순간이 절정이지만
잠시도 머물지 않네

저기 공중(空中)은
흥에 겨워 한 바탕
놀다가 가는 구름

지금 여기 나는 한 번뿐인데
속절없이 미련한 미련

내 맘은 항상 어딘가 거기에 있네

호접란(胡蝶蘭)

깃대 끝에 매달린 깃발은
날개가 있어도 날아가지 않는다
마침내 다다른 꼭대기에서
미지의 행선지가 두려운 나비

목적지에 제때 도착하기 위해
잠시 쉬어가는 간이역같이
망설임은 제때 출발하기 위해
잠시 기다리는 시간
지금 여기는 종착역이 아니라
중간역임을 깨닫기 위해
열차는 가던 길 멈추고 잠시 서 있어야만 한다

태양이여!
젖은 날개를 위해 묵념할 시간을 다오
바람이여!
젖은 날개를 위해 묵념할 시간을 다오

우리는 모두 과거에서 왔듯이
우리는 다시 미래로 가야만 한다
깃대 끝에 매달린 깃발은
이제 막 날개 돋친 한 마리 나비

3

숲
속
에
서

숲속에서

얼굴이 마음의 도화지라면
나무는 마음의 붓이런가

나는 거울이 없어 미처 몰랐지만
숲속에서 나는 카멜레온이 되더란다

침엽수 아래서 음지같이 그늘지는 나
활엽수 아래서 양지같이 밝아지는 나

의자에 앉은 자세는
분명 두 손 모아 쥐고 있었지만

붓으로 그려진 것은 아직 파충류 같은
나의 자화상

트로이목마의 종말
또는 저출산 시대의 도래

기나긴 전쟁은 결국 여자들의 승리로 끝났다
여자들은 남자들의 땅을 정복했고,
그 땅의 지배자가 되었다
그런데 누가 쓸데없이 위험한 목마가 되겠는가
트로이목마는 남성시대의 신화일 뿐이다

집 기러기

평화의 집 정원사가 내게 묻는다
저게 뭔지 아시나요, 한 번 맞춰보세요

오리 아닌가요, 오리
오리 비슷하게 생겼는데 오리는 아니고

기러기랍니다, 기러기
새끼 때부터 내가 키웠습죠

정원사의 발길질에 날갯짓도 하는 둥 마는 둥
먹을 것을 던져줄 때나 겨우 엉덩이를 드는 놈

오리같이 뒤뚱거리는 저 새가
브잇자를 그리며 하늘을 난다는 그 기러기란 말인가

잉어가 살고 있는 정원의 연못가에 눌러앉아
봄이 가고 여름이 와도 떠나지 않는 기러기

그는 왜 울타리도 없는 하늘 밑에 갇혀 있을까?
환경은 능히 본능마저 성형하는 외과의사인가

망각과 기억 중에 어느 곳에 행복이 있는지 알기 위해
오늘 밤 나는 잃어버린 조상의 족보를 찾아볼 일이다

신체의 자유
- 누리호 발사 관람기

석양에 달궈진 호수는 뜨거운가 보다
냄비 속의 끓는 물처럼
수면 위로 물고기떼 뛰어오르네

태양은 마치 분노하는 조물주같이
두 번째 추방을 획책하고 있으니
내가 보지 않아도 누군가는
저 물고기들처럼 도전을 계속하고 있겠지

앞서간 죽음을 보면서도 걸음을 멈추지 않는
그대들은 이웃을 위해 죽음도 마다치 않는 순교자로다
오늘 저녁 비로소 만천하에 공포하는 것은
공간의 지배마저 거부하는 것이 신체의 자유

공중으로 쏘아 올린 화살촉같이
제 꼬리를 자르며 달아나는 도마뱀같이
거침없이 천장을 들이받는 로켓의 꿈은
높고 높은 곳이 아니라 넓고 넓은 곳

옥수수 예찬

황량한 들판에 혼자 서 있어도 늠름한 것은
아마도 종교가 없기 때문일 것이다
자발적인 삶이 오히려 당당하다
설령 신이 있다고 해도
절대로 고개 숙이지 않는 정신은
죽음 앞에서조차 꺾이지 않는다

이 세상에 숭배할 것이 있다면 태양이다
태양은 복종을 강요하지 않는다
다만 무한정 줄 뿐이다
그러나 만물은 스스로 그 앞에서 고개 숙인다
이것은 믿음이 아니라 사실이다
이것은 굴복이 아니라 감사이다

태양은 신이 사는 집이다

신은 직접 얼굴을 보여주지 않아도

그가 만든 존재를 통해 모습을 드러낸다

태양 아래 가치 없는 것은 없다

과정은 무익한 듯 보일지라도 결과는 의미가 있다

가치평가는 죽음 뒤로 미루어져야 한다

신전의 비밀은 알 수가 없다

기도하지 않았지만 뜻한 바를 다 이루었다

양계장에서

양계장에서
처음 보는 닭들이 너를 경외하거든
놀라지 마라

닭의 경배는 네가 아니라
네 몸속에 잠든 주검을 향한 것이니
너는 흔쾌히 절을 받으라
대신 그들의 행동에 연민을 가지라

들릴 듯 말듯
아주 작은 발걸음에도 두리번거리는 그들을
비웃지 마라

그들은 날마다
이웃들이
납치되는 것을 보았다

그들은 밤마다
어디론가 잡혀가서
치킨이 되는 악몽을 꾸었다

너에게는 한낱 안줏거리였을지 모르지만
그들도 엄연히 생명을 가진 존재였다

너만 모르는 공공연한 비밀
너는 지상 최대의 무덤이다

후드티를 입으면

양복을 벗고
후드티를 입으면
나는 후투티가 된다

유행이 뭐 그리 중한 거냐고
훗훗 콧방귀를 뀌며는
나 혼자만이 특별해지는 시간

양복을 벗고 후드티를 입으면
나는 후투티가 된다

출세가 뭐 그리 중한 거냐고
훗훗 콧방귀를 뀌면은
나 혼자라도 행복해지는 공간

양복을 벗고
후드티를 입으면
나는 후투티가 된다

체면이 뭐 그리 중한 거냐고
훗훗 콧방귀를 뀌면은
언제 어디에 있더라도 나는 나

펜과 페니스에 대한 단상

농사를 잘 지으려면,
밭이 좋아야 한다는 사람도 있었고,
씨가 좋아야 한다는 사람도 있었다

상식 있는 사람이라면 누구나 알다시피
이것은 양자택일의 문제가 아니다
그런데 어느 날 누군가가
〈페니스는 칼보다 강하다(The penis mightier than the sward)〉
는 구호를 외치며 편 가르기를 하였다

어떤 이는 문법적으로 분석하여 오류라고 반박하였고
어떤 이는 맥락적으로 분석하여 타당하다고 옹호하였다

이 싸움을 말리기 위해 내가 알고 있는 한 가지 비밀을 말하자면,
펜과 페니스 둘 다 순백선망증(純白羨望症)이 있다는 것이다

열쇠와 자물쇠

조물주의 실수로
십억 벌의 열쇠와 자물쇠가 맨땅에 마구 흩어졌다면
딱 맞는 제짝을 찾는다는 것은 그야말로 기적 아닌가
어지간하면 그냥 맞추고 살 일이다

비몽사몽

수박을 먹다가
수박씨를 삼켰는데
수박이 자라서
볼록배가 되었네

전쟁놀이 하다가
물총을 쏘았는데
난데없이
바지 속이 따뜻하네

봄비

갈비뼈 앙상한 산에도 4월이 와
이제 막 꺼낸 봄옷

때마침 구름 한 점 없는 날

게으른 햇볕이 느릿느릿
구겨진 옷을 다림질하고 있을 때

갑자기 날 깨우는 건
온몸을 비틀며 간지럼 참는 소리

간병기(看病記)

병상은 비명소리로 시끄럽다

죽음은 피할 수 없고
누군가 대신할 수도 없는 자기 혼자만의 숙제
제발 어떻게 좀 해달라고 애원해도
그냥 조용히 바라볼 수밖에 없는 손

벌벌 떠는 노인의 손은
여태까지 죽음을 공부하지 않았다

한낮의 일식(日蝕)과 달리
석양의 눈물은 동정이 가지 않는다
심연의 늪에서 내미는 손목은 추하기만 할 뿐
아무도 잡아줄 수가 없다

어떻게든 도망갈 수만 있다면
비굴한 무릎과 낯 뜨거운 손바닥도 이해하겠으나
어차피 한 번은 가야 할 길

아름다운 마무리를 위해서
두려워도 약해지지 않기를 바랄 뿐

인연(因緣)의 뒤안길

1.

길을 가는데
길가에 파란 뱀 한 마리 보였네

내가 나의 길을 가듯이
그도 그의 길을 가고 있었겠지

둘이는 서로 제 갈 길을 가다가
그냥 우연히 만났을 뿐인데

나는 칼을 꺼내 그의 목을 잘라버렸네
불운의 그 뱀이 미웁다고

목 잘린 그 뱀은 몸뚱이는 버려둔 채
머리만 통통 튀어 길 밖으로 달아나 버렸네

2.

길을 가는데
길가에 파란 새 한 마리 보였네

내가 나의 길을 가듯이
그도 그의 길을 가고 있었겠지

둘이는 서로 제 갈 길을 가다가
그냥 우연히 만났을 뿐인데

나는 손을 들어 그 새를 잡아버렸네
행운의 그 새가 이쁘다고

그렇지만 내 손에 잡힌 그 새는 온몸이
심장인 듯 할딱, 할딱거리는 파랑새

3.

나는 기분이 좋아
콧노래를 부르며 가던 길을 계속 걸었지

말랑거리는 풍선이 터질까 봐
손가락 끝으로 살며시 발목만 잡는 내 마음은 아직 어린데

이쁜 그 새는 내 진실을 콱 깨물더니
온몸을 통통 튀며 숲속으로 달아나 버렸네

〈아니 도대체 무슨 새가 사람을 문담〉
가시에 찔린 듯 아픈 손가락을 바라보았네

손가락 위에는 빨간색 두 점이 나란히 찍혀 있었네
〈아니 이것은 독사의 이빨 자국〉, 불현듯 떠오르는 그 뱀

산정(山頂)에서

산에 올라 본 사람은 안다
정상에 오르는 것만큼이나
정상을 눈앞에 두고 그냥 내려가는 것 또한 어렵다는 것을
그러나 막상 정상에 올라본 사람은 안다
수많은 격랑이 사실은 하나의 바다였다는 것을

낮거나 높거나 혹은 길거나 짧거나
파도처럼 줄기차게 달려온 산맥들
종래엔 어떤 보람도 없이
올라온 만큼 내려갈 곳 또한 그만큼 멀어질 뿐이다

더 이상 갈 곳 없는 곳에서도 욕망은
멈추지 않고 몸부림친다
그러나 떠나온 그 자리로 다시 돌아가는 것,
그것이 산정(山頂)에서 깨닫는 세상의 이치다

봄까치꽃

강변에는 봄이 왔나보다
이른 아침 까치 우는 소리

손자 업은 할머니
봄나들이 꽃구경 간다

바람은 오다말고 가다말고
계절은 봄인 듯 겨울인 듯

해묵은 갈대는
아직도 가부좌를 풀지 않는다

임이야 오든지 말든지
꽃이야 피든지 말든지

청둥오리는 오리배 타고 놀기 좋은 날

지금 여기 발밑에 비단길 깔고 있으니
이제 곧 갈 사람은 가고 올 사람은 오겠지

추석날 아침 강둑을 거닐며

강둑의 벚나무 잎은 벌써 다 지고 없는데
갈대꽃과 억새꽃은 이제야 피고 있네
강물에 발 담근 왜가리는 조각상처럼 그대로 있어
계절이 바뀌었음을 깜빡 모를 뻔했네

밥벌이에 매인 나는 어쩔 수 없다지만
날개 달린 청둥오리는 왜 이 도시를 떠나지 않았을까
그도 또한 식솔이 있기 때문이라면
지난날의 철새조차 텃새를 만드는 것이 삶이로구나

아마도 자유로운 건 바람뿐인가
갈바람은 강물을 거슬러 올라가네
그런다고 시간이 더디 가지는 않겠지만
덕분에 나는 살아왔던 날들을 더듬어 보네

지난봄 이 강둑에 왔다가 가을에 다시 왔으니
건너뛴 시간은 불과 여름 한철
할머니 손 잡고 함께 걷던 아이 있었지
노인과 달리 키가 훌쩍 큰 그 아이는 못 알아보겠네

어머니, 오지 않는 아들을 용서하세요

어머니,
당신은 오늘도 문밖에 나와
아들을 기다리고 계십니까?

별빛조차 없는 골목길은 일찍 문을 닫습니다
어두운 밤에는 아무도 찾아오지 않을 것입니다
그만 들어가 굽은 등을 펴세요, 어머니

그리고 오지 않는 아들을 용서하세요

당신은 무척 늙으셨습니다
미처 모르고 계셨지요
당신의 그 모습을 차마 볼 수 없어서
눈물 많은 아들은 자주 가지 못한답니다

제 기억 속의 어머니는 항상 젊은 분이었습니다
너무도 선명한 그 기억으로 인하여
할머니같이 변한 어머니의 모습이 낯설기만 합니다

물론 저도 그만큼 나이를 먹었겠지만
아들 눈엔 어머니만 보이니까요

언젠가 저의 흰머리를 보면서
아들이 저렇게 늙었으니 나도 너무 오래 살았나보다고
한숨 짓던 당신,
아! 제가 그렇듯
당신도 아들만 바라보고 있었습니다

밤이 깊었습니다
제 마음속에 어머니의 이부자리를 폅니다
오늘 밤은 편히 주무시고
밝은 날 아침에는 더 이상 낡은 거울은 찾지 마세요

그리고 오지 않는 아들을 용서하세요

덕유산 등정기

사십 년 만에 다시 찾은 덕유산
내 등 굽는 동안 저 산은 얼마나 더 자랐기에
한참을 우러러도 어깨밖에 보이지 않네

여기 초야에서도
산이란 산은 죄다 꼿꼿이 서서 키재기에 바쁘니
경쟁은 도싯사람의 일만은 아니었던가

늙은이의 체력은 부실하지만
굽힐 줄 모르는 노욕(老慾)은 무식해서 용감했으니

기어이 가보겠다고 벼르던 산정은 얼마나 높은 곳인지
여름에 출발해서 가을에야 도착했다네

기고만장하던 구름도 가던 길 멈추고
발아래 엎드려 경배하는 곳
굽어보니 뭇 산들은 감히 다가오지 못하고
멀리서 머리를 조아리며 뒷걸음

이것이 바로 정상에서 느낀다는 그 맛이었던가
너나없이 높은 곳에 오르고자 하는 까닭이
바로 여기에 있었구나

호접몽 2

1.

나는 총각
너는 처녀

우리는 손잡고 걸어간다
꿈꾸듯 아늑한 햇살 속으로

가자, 어서 가자
그곳은 우리의 낙원

너를 좋아하는 나는 소년이 되고
나를 좋아하는 너는 소녀가 되리

오라, 어서 오라
아름다운 날들이여

2.

우리는 들길을 달려간다

나는 뒤에 있고
너는 앞에 있다

잠자리 날개같이 반짝이는 너의 옷자락

바람에 휘날리는 너는
걸음을 멈추며 가끔 뒤돌아보지만
웬일인지 나는 너를 따라잡지 못한다

눈부신 너는
햇살 속으로 사라진다
자꾸만

황홀한 나는
햇살 속으로 달려간다
자꾸만

3.

아무리 달려가도
잡히지 않는 너를 쫓다가
꿈 깨는 날 아침

한겨울에도 국화는 시들지 않는구나

마음은 영원한 철부지
아직도 꽃이 좋은 우리는,
이제 나이는 세지 말자

염전(鹽田)

강물의 긴 여정은 바다에서 멈춘다

승자도 패자도 없는 무승부의 바다

성자가 된 강물의 다비장(茶毘場)에서

염부(鹽夫)는 타지 않는 욕망을 수습한다

수면양말 신기기

발이 시려 잠 못 드는 사람이 있다
그는 여름에도 양말을 신고 잔다
두 짝 한 켤레

밤새 잠들지 않는 의자가 걱정이다
발 시린 의자에게도 양말을 신겨 준다
네 짝 한 켤레

희한하게도 양말만 신으면 모두가 잠이 든다
양말 덕분에 그는 모처럼 숙면을 취했다

기분 좋은 아침에 갑자기 떠오른다
피아노 발에 양말 신겨주는 걸 깜빡했다
어젯밤엔 다행히 그냥 잠든 모양이다
평소에도 맨발이 좋아 보이진 않았었다
명문가 후예답게 품위가 우선인지라
가장 좋은 양말을 골라 신겨준다
네 짝 한 켤레

그는 요즘 들어 맨발만 찾는 이상한 버릇이 생겼다
발 시려 잠 못 드는 고통을 누구보다 잘 알기 때문이다
그런데 양말은 더 이상 필요 없을 것 같다
대부분 발에 열이 많아 겨울에도 맨발이 좋댄다

고작 열 짝 세 켤레의 양말로 이룩한 가화만사성
한 번 신긴 양말은 벗기지 않기로 했다
모두가 고이 잠든 세상이 참 좋다

4

달팽이 우체국

달팽이 우체국

예나 지금이나
똑같은 하루를 살며

음속에서 광속으로
세상이 빨라진 지금
오히려 더 바쁜 하루

절약된 시간은 금고에 넣어두고
남은 시간을 또 쪼개어 쓰는 초시계

빠를수록 부족하고
느릴수록 남아도는
시간의 역설

어제보다 더 나은 삶을 위해서
오늘은 모르는 것을 배우고
내일은 배운 것을 실천할 것

때때로 감속(減速)할 줄 아는 사람은
인생의 종점에서도 후회하지 않으리

효자손

마누라 외출하고
나 혼자 집에 있는 날
갑자기 등이 가렵다

아무리 찾아도 보이지 않는 효자손
멀리 있는 자식보다 낫다는 효자손도
막상 보이지 않으면 무용지물

효자손은 어디다 뒀느냐고
마누라에게 전화를 걸어 성화를 대는 나에게
자기는 손댄 적도 없다며
파리채든 뭐든
아무거나 눈에 띄는 걸로 긁으랜다

아뿔싸!
나는 언제부터 그렇게 이름에 매어
파리채를 눈앞에 두고도 효자손만 찾는
바보가 되었는가

세상은 모두 그 이름값만 하느라
게으름 피고 있을지라도
덩달아 어리석었던 나를 각성시키는 의미에서
파리채로 내 등짝을 후려친다

화초에 물 주기

우리집 여자들은 아침에도
제 발등에 물 한 바가지 퍼붓는다

우리집 여자들은 저녁에도
제 발등에 물 한 바가지 퍼붓는다

화초에 물 주는 거냐고 핀잔도 해보지만
그래도 안방의 마님은 나날이 시들어간다

화초에 물 주는 거냐고 잔소리 해보지만
그래도 골방의 따님은 언제나 시큰둥하다

물 한 방울 구경도 못한 베란다
화분의 꽃들은 해마다 다시 피는데

거울만 바라보다가 거울 속에서 길잃은
우리집 여자들은 태평도 하다

문신(文身)의 이유

정치란 것은 알면 알수록 신물이 난다
그렇다고 내버려 두면 더 노골적으로 자유를 잠식하는 그놈은
도대체 얼마나 지독하고 끈질긴 알러지냐

나는 작심하고 내 기억의 피부에 역사의 흉터를 본떠 새긴다
그리고 만일을 위해 깃발을 꽂아 놓는다

지록위마(指鹿爲馬)

고사성어 중에서 유일하게
믿어지지 않는 것이 하나 있었다

조삼모사와 화사첨족도 의심스럽지만
가능성은 있다고 생각했다

그러나 지록위마는 너무나 상식 밖의 이야기라서
실제 그런 일이 있었으리라고는 단 한 번도 믿지 않았었다
바이든이 날리면으로 둔갑하기 전까지는

나는 이제부터 믿기로 했다
타락한 권력은 사실보다는
믿음으로 유지되는 종교와 같다는 것을

꿈을 깨기 위해 자는 잠

1.

나는 꿈이 많은 사람이다
그러나 단 한 번도 꿈의 미로에서 출구를 찾지 못하여
처음엔 꿈을 꾸기 위해 잠을 잤지만
이제는 꿈을 깨기 위해 잠을 잔다

나의 밤잠과 낮잠 사이에서는 꿈과 꿈이 실타래처럼 뒤엉켜 있어
그 경계를 넘나들며 본 것이 사실인지 아닌지 알 수 없다
다만 중요한 것은 내가 보고 느낀 것이
꿈이건 꿈속의 꿈이건 관계없이
내 삶의 한 토막이 되었다는 것이다

저녁밥을 먹고 티브이를 켜자
채상병 사망사건 관련 특보가 나오고 있었다
연중행사처럼 해마다 반복되는 재난방송은 재방송을 보는 듯
올해도 어김없이 인재를 질타하는 전문가들의 분석이 이어졌다
장자의 제물론을 읽고 잠자리에 들었다

2.

나는 실종자 수색작업에 투입된 해병이었다
바로 내 옆의 동료가 급류에 휩쓸리고 있었다
내 손을 잡고 있던 동료의 손이 미끄러져 급류 속으로 빨려 들어갔다
그의 모습이 완전히 사라진 뒤에야
나의 몸도 턱밑까지 잠긴 것을 알았다

손은 잡을 것이 없었고 발은 닿는 것이 없었다
돌덩이처럼 아래로만 가라앉는 온몸이 점점 더 무거워지고
잠이 쏟아지는 눈꺼풀 속에
동료들의 희미한 모습이 멀어지고 있었다
이제 죽었다는 생각이 들었을 때 갑자기 잠에서 깨어났다
꿈이라니 다행이었다

불현듯 나보다 먼저 죽은 동료가 생각이 났다
그 사람도 나처럼 꿈에서 깨어 안도하고 있을까?
드라마에서 죽음과 함께 그 역할이 끝나듯이
죽음이 단지 연극무대에 서 있다가 퇴장하는 것이라면
그 사람도 나처럼 이 땅 어딘가에 살아있을 것이다

3.

아침밥 먹으라고 엄마가 나를 불렀다
밥을 먹자마자 게임을 하려고 컴퓨터 앞에 앉았다
이제 게임 그만하고 공부 좀 하라는 잔소리가 들렸다
단 한 번도 같은 꿈은 꾼 적이 없었는데
이 꿈은 깨지 않고 계속 꾼다

홧김에 이불을 뒤집어쓰고 있다가 깜빡 잠이 들었나 보다
나는 멋진 양복을 입고 고층빌딩 속으로 들어갔었다
로비에 늘어선 직원들의 환영인사를 받고
감격해하고 있을 때 엄마가 점심때라고 깨웠다

눈만 뜨면 어김없이 나는 외톨이 백수로 돌아온다
이상하게도 이 꿈은 깨지 않는다
어디론가 건너간 듯하다가도 다시 그 자리에 머물러 있는
이 경계를 건너기 위해
깨지 않는 이 꿈을 깨기 위해 나는 또다시 잠을 자기로 한다

어떤 농담

구내식당에서
내가 반찬 투정하는 소리를 들은 사장님 왈

자네,
개하고 사람하고 차이가 뭔지 아나?

......

개는 사람이 해주는 밥이나 먹지
제 손으로 직접 밥을 안 해 먹어
그러니까 개는 사람이 주는 대로 먹는 거야

졸지에 개새끼가 된 나

소의 초상화

언젠가
〈잘 풀리는 집〉 한 꾸러미 사 들고
친구네 집들이 갔을 때
문 열고 들어서자마자 눈에 띄는
초상화 두 점
황소와 암소

부모님도 아니고
수령님도 아니고
웬 소 사진

이런 건 처음 본다며
웃음을 참지 못하는 나에게 벼락같았던
부부의 이구동성
〈어, 저 소가 우리들 밥줄이여, 그러니까 잘 모셔야지〉

아, 그렇구나
성공은 우연이 아니었구나
감사심(感謝心)과 자부심으로 당당했던 그들에게 울컥했던
그날

나는 분노한다
– 어느 선생님의 죽음에 부쳐

하늘을 날던 비둘기가
유리벽에 부딪쳐 죽었을 때 나는 분노한다

봄볕이 졸린 솜병아리가
교문 앞에서 장난감처럼 팔리고 있을 때 나는 분노한다

계모에게 학대받은 열두 살의 어린아이가
온몸이 멍든 주검으로 발견되었다는 뉴스에 나는 분노한다

탯줄도 자르지 않은 갓난아이가
게임에 빠진 부모 때문에 굶어 죽었다는 뉴스에 나는 분노한다

막내딸을 등교시켜 주던 엄마는 귀가하지 못했고
붕어빵을 사 들고 퇴근하던 아빠도 귀가하지 못했다

이제 에미도 없고 애비도 없이
온실에서 부화한 독사의 자식들이 거리로 나와
누런 송곳니를 당당하게 드러낸다

전쟁터 같은 도로 위에서 죄 없는 사람들은 총알받이가 되어 죽고,
뻔뻔한 총잡이는 불사신처럼 다시 총을 집어든다

신혼집에서 단꿈을 꾸고 있어야 할 남편은
보험금을 노린 아내에게 살해되고,
시골집에서 노후를 즐기고 있어야 할 노부부는
재산을 노린 자식들에게 살해된다

정상인만을 골라 차별대우하는 적록색맹의 신호등과
왕의 유전자도 알아보지 못하는 시력의 한계에 나는 분노한다

반세기가 넘도록 흑백 두 가지밖에 모르는 색채학과
아들 손이 친구 뺨에 맞았다는 최신양자물리학에 나는 분노한다

유사 이래 최고의 척척박사가 되었으나
아직도 거울은 발명하지 못한 신인류의 뇌의 비대칭에
나는 분노한다

선진조국의 우아한 동물원에 갇혀서
짐승처럼 떨고 있는 순교자의 촛불에 나는 분노한다

(우리는 모두 분노하는 자와 분노하게 만드는 자의 혼혈임을 부정하
고 오직 자기만이 순백한 영혼이라고 착각한다면 이 땅의 분노는 사라
지지 않으리라)

가장 무서운 복종

해가 뜨면 일어나고
해가 지면 잠을 자는 것처럼
더우면 옷을 벗고
추우면 옷을 입는 것처럼
단 한 번의 의심도 없이 받아들인
무심의 복종

주인으로 살기 위해
언제나 잊지 말고 명심할 것은,
우리의 우주는
사실보다는 믿음으로 만들어진 착각의 화신

겉보기엔 여전히
지구는 돌지 않는다

개미를 보며

망원경과 현미경이 나올 때까지
보이지 않는 것은 믿어지지 않았다

짚신벌레를 보고 나서야
유리알도 지구와 같이 큰 것임을 알았고
안드로메다를 보고 나서야
지구도 유리알같이 작은 것임을 알았다

방바닥에 무언가 까만 점이 묻어있다
손가락 끝으로 집어서 살펴보니 개미다
나는 그 순간
북두칠성에 걸터앉은 거인이 된다

그러나 그것은 잠시, 이내 다시 생각해본다
지금 내 손바닥에서 개미가 떨고 있듯이
나는 또 누군가의 손바닥에 올려진 개미일지도 모른다

하늘의 별자리는 누군가의 징검다리일 수도 있고
지구의 징검다리는 누군가의 별자리일 수도 있다

눈에 보이는 것이 다가 아니다
보이지 않는 것도 믿기로 한다

은하수에 발 담근 누군가에게 내가 먼지 취급받기 싫듯이
나는 아주 작은 개미도 거대한 왕국인 양 존중하기로 한다

내가 내게 당하는구나

장난삼아 피운 담배 한 모금
재미 삼아 피운 담배 한 모금

〈욕구를 억제함으로써 고통받고 사느니
차라리 욕구에 순응함으로써 자유를 누리리라〉

명분은 그럴듯했으나 언제나 승리하는 건 니코틴
담배 떨어진 날 속절없이 무릎 꿇고 쓰레기통을 뒤지고 있는 나

장초(長草) 한 모금 깊게 빨고 흘리는 패배의 눈물
〈내가 내게 당하는구나〉

성급한 노인에게

젊어서는 부인을 뒤에 두고 꼭 한 발 앞서 걷더니
늙어서는 제 발마저 뒤에 두고 머리만 앞서 가는 사람아

서산에 해 지면
아침에 일어났던 그 자리에 다시 돌아가 누울 뿐
목적지 없는 인생길,
희망은 오직 길 위에 있으니
그대 홀로 서둘러 누울 자리 찾아갈 것 없으리

느티나무 밑에서 화석 찾기

어느 마을에 오래된 느티나무가 한 그루 있다
몇 살인지 아는 사람은 아무도 없다
다만 그 마을이 한때는 바다였다는 전설은 모두가 안다

나는 학자답게 이런 이야기를 흘려듣지 않는다
사실 고고학자는 재능보다 후각이 더 중요하다
설화 속에는 어떤 암시가 숨겨져 있어
끈질기게 뒤쫓다 보면 반드시 행운을 만나게 된다

봄부터 가을까지 땅속을 파들어 가니
고생대의 지층은 서서히 그 본색을 드러낸다
황금물고기로 변태를 마친 초록물고기는
하나 둘 소리 없이 어미 품을 떠나가지만
하루도 빠짐없이 써내려간 일성록은 어딘가에 남기 마련이다

흙 묻은 필름이 보였다
먼지를 털어내고 햇빛으로 인화하자
척추에서 갈비뼈까지 영락없는 생선가시다
양서류 직전의 물고기 화석을 찾은 것 같다

나무에서 물고기를 구한다는 속담은 일종의 암시였을까?
지상의 나무는 본디 수중 어초였는지도 모른다
고고학자는 탐정이 되어야 한다

안경은 달리고 싶다

눈이 나쁜 아이가 자전거를 탄다
까만 눈동자가 바퀴살을 굴린다
바퀴는 굴러가는데 그 소리는 들리지 않는다
지구의 자전과 공전을 닮아서 그렇다

눈이 나쁜 아이가 자전거를 탄 채 우주여행을 한다
우주선은 사방이 거울로 둘러싸인 인드라망이다
거울 속에 눈동자가 있고 눈동자 속에 거울이 있고
또 그 거울 속에 눈동자가 있고 그 눈동자 속에 또
거울이 무한히 중첩되어 결국엔 블랙홀처럼 깊어진다

눈이 나쁜 아이는 엉겁결에 아무거나 눈에 띄는 버튼을 누른다
발목을 부여잡는 중력을 뿌리치듯 잠시 몸부림치던 우주선은
멀리 날아가는 것이 아니라 어딘가 깊은 곳으로 추락한다
그러나 묘하게도 기분 좋은 추락이다

단잠에 빠져드는 사람은 거기서 나오려고 허우적거리지 않는다
오히려 그 상태가 멈추지 않고 계속되기를 바란다
그러나 눈이 나쁜 아이는 머지않아 미지의 행성에 도착할 것이다
아마도 우주선 속에서 보았던 그 블랙홀 속의 어디쯤일 것이다

눈이 나쁜 아이가 병아리처럼 해치를 열고 나가려는 그 순간
하필이면 그때 누군가가 갑자기 뒷머리를 후려친다
이제 그만 집으로 가자고 한다
공부하다 잠이 들었던 모양이다 침 묻은 책 옆으로 안경이 보인다
모로 누운 안경이 혼자서 헛바퀴를 돌리고 있다

5

인스턴트식 사랑

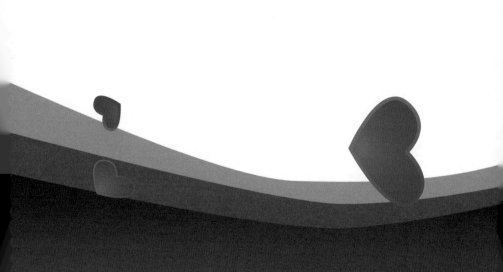

인스턴트식 사랑

바닷가 모래밭에 적어놓은 사랑의 언약
파도가 지울 것을 알면서도 태연한 것은

만남은 짧게
이별은 쉽게

인스턴트 애호가
신세대라면

처음은 핫하게
나중은 쿨하게

인생은 짧고
청춘도 짧고

남는 것은 메달뿐
조석(朝夕)으로 체인징 파트너

맹종죽

맹종죽 대나무에 누군가 써놓고 간 이름들
하나둘 모여서 비림(碑林)이 되었네

소꿉장난 같은 낙서라지만
나그네여, 비웃지는 마시길 ...

만고풍상에 바위산은 무너졌어도
그 산의 대나무는 점점 더 단단해졌네

죽지 않고 다시 살아나는 건 오직 마음뿐이니
죽순만 봐도 떠오르리, 그 이름

연필에게

옛날 옛적에
내가 외톨이였을 때
네 덕분에
천방지축 날뛰는 말 한 마리
붙잡을 수 있었어
그런데 말야
기쁨도 잠시
살다보니 그 일은 까마득히 잊었어

세월이 흘러 어느 날
나는 떠돌이가 되었고
애지중지 기르던 말 한 마리
달아나고 없었어
그런데 말야
슬픔도 잠시
알고 보니 그것은 하룻밤 꿈이었어

그제야 갑자기
네가 잡은 그 말이 떠오른 거야
다행히 옛말은
아직 그 자리에 있더군

나는 지평선을 향해 마구 달렸어
그곳에서 조금은 낯선 나를 보았어
그렇지만 정말로 신명나는 하루였어

앞으로 가끔 그 말을 탈까 해
고마워
다 네 덕분이야
네가 잡은 그 말이 내 인생의 전부였어

오아시스

"나이 들수록 눈물이 많아지는 건
그만큼 사랑이 많아져서 그러는 거다"

물 한 모금 더 주고파
사막처럼 늙었다는 노인의
거룩한 말씀

그때는 웃었지만
지금은 나도 따라 같은 말하네

"내가 마신 물 한 모금, 그것은
누군가 흘린 눈물 한 방울이었다"고

너

너를 만나고 나는 처음으로 거울을 보았었다
너를 만나려고 나는 다시 거울을 보았다
그 거울 속에서 본 것은 나였다
나로 하여금 나를 보게 한 것은 결국 너였다

지금 거리는 수많은 사람들로 북적거린다
그러나 아무도 나를 바라보지 않는다
너 없는 나는 하루 종일 길을 잃고 헤맨다
거울처럼 물끄러미 나를 바라보던 네가 그립다

낮잠

마실 가셨다던 아버지가 갑자기 돌아와
학생이 공부는 안하고 대낮부터 웬 낮잠이냐고 나무라신다

방금 전까지만 해도 나는 분명히
며칠 후면 아버지 제사라고 귀띔하는 마누라에게
알았다고 대답도 했고,
전국노래자랑도 보고 있었다

잠든 기억이 없는 나는 억울하지만
별수 없이 읽다 만 책을 다시 펼쳐든다
부엌에서 들려오는 어머니의 콧노래를 들으며
아버지는 평소처럼 낮잠을 자는 모양이다

나는 한참 열심히 공부하고 있는 중인데
테레비 보다가 그냥 잠든 모양이라고
중얼거리는 마누라, 테레비 끄는 소리가 들린다

나는 그게 아니라고 소리치다 잠이 깼지만
눈은 감고 있어도 소리는 다 듣고 있는데
테레비는 왜 끄느냐고 짜증을 낸다

낫살깨나 먹은 양반이 대낮부터 웬 잠꼬대냐고
장 보러 갔다 온 마누라, 웃으면서 옷을 갈아입는다

방충망

늦여름 태풍에
방충망이 부서졌다

내가 사는 곳은 십오 층 아파트에 십오 층,
이 높은 곳까지 벌레가 들어올 리 없으니
그냥 두기로 했다

전보다 선명해진 시야에
자주 창밖을 내다보게 되었다

우연히 고개를 쑥 내밀어 아래를 보니
발밑으로 땅바닥이 보였다

몸이 창밖으로 빠져나가는 듯하여
발바닥이 간지러웠다

무서운 마음에 얼른 뒤로 물러섰지만
이상하게도 그 바닥이 다시 보고 싶었다

창문을 열면 망상에 빠졌다
나에게도 날개가 있다면 ……,

창밖을 보면 충동에 빠졌다
여기서 도움닫기 한다면 ……,

여름이 가고 가을이 왔다
나를 유혹하는 손짓들이 더 많아졌다

내 마음의 준동을 막기 위해서
방충망을 고쳐 달기로 했다

문(門)의 법칙

문은 원래 열기 위해 만들었다
그러나 문을 열기 위해서는 반드시 문의 법칙을 따라야 한다

문은 보통 미닫이와 여닫이 두 가지가 있다
이 중 여닫이는 하나의 법칙을 더 가지고 있다

어떤 은행강도가 있었다
그는 문을 열지 못해 잡혔다
안으로 잡아당기면 될 것을
밖으로 밀치고만 있었던 것이다

이거 웃을 일이 아니다
우리도 그와 똑같은 실수를 되풀이하고 있을지도 모른다
열리지 않는 문 앞에서는 주저앉지 말고
한 발짝 뒤로 물러나 잠시 숨을 골라야 한다
그리고 습관의 굴레를 벗어야 한다

언젠가
밀어도 당겨도 열리지 않는 문 때문에 당황한 적이 있었다
다시 보니 그것은 미닫이문이었다

자물쇠가 있으면 그에 맞는 열쇠가 있듯이
그 방법만 다를 뿐 모든 문은 열 수 있게 되어 있다

간혹 심술궂은 조물주는
까다로운 문을 만들어놓고 피조물을 지켜본다
문을 열기 위해서는 아집을 버리고 문의 법칙을 찾아야 한다

촛불을 끄자

우리 이제 그만 촛불을 끄자
너와 나의 구별의 촛불을 끄자

우리 이제 그만 촛불을 끄자
너와 나의 차별의 촛불을 끄자

각양각색의 자기다움이 구별의 원인이 된다면 차라리 촛불을 끄자
각양각색의 남다름이 차별의 원인이 된다면 차라리 촛불을 끄자

구별하되 차별하지 않는 큰 빛이 비칠 때까지
작은 촛불은 끄고 얼굴 없는 어둠 속에서 하나가 되자

해빙(解氷)

햇살로 두레박질하는 늦겨울

솜이불 밑에 그리는 지도의 크기는 아직 모름

전인미답의 영토 위를 달리는 사람들

국경 없는 봄의 노래는 이제 시작

진짜 문제

귓속이 가려워 손가락으로 후비다가
〈손 없는 소들은 이럴 때 어떻게 하지?〉

장갑이 없다고 투덜대다가
〈손 없는 소가 문제지 장갑 없는 내가 문젠가!〉

고맙다는 그 말

당신과 나
둘 사이에 더 이상 고맙다는 그 말은 하지 말자고 다짐한 것은
당연한 것이 당연하지 않으면 남 같아서 섭섭했기 때문이었죠

하지만 말을 하지 않으니 마음도 깜빡했나 봅니다
당연하지 않은 것들은 전부 원망이 되었거든요

어느 날 우연히 누군가 말하는 것을 들었습니다
세상에서 가장 소중한 것은 모두 공짜라고

그래요, 당신과 나
둘 사이엔 언제나 모든 것들이 당연하다는 그 생각이
당연하지 않은 것들도 당연한 것으로 기대하게 만든 거겠죠

나 혼자만이라도 고맙다는 그 말을 다시 하고 살게요
당연하게 보이는 모든 것들이 사실은 당연한 것이 아니란 것을
잊지 않기 위해서 고맙다는 별명이라도 불러주고 싶어요

방부제 사회

평범한 시민 방부제는
방부제가 든 빵으로 아침을 먹고
방부제가 든 커피를 마시며
방부제 연구를 한다

평범한 시민 방부제는
방부제가 든 햇반으로 저녁을 먹고
방부제가 든 술을 마시며
방부제 광고를 본다

방부제 미모를 자랑하는 늙은 모델은
방부제를 가득 채운 통통한 볼에
방부제가 든 화장품을 바르면서
늙지 않는 비결을 사라고 속삭인다

평범한 시민 방부제는

방부제 도시에서 발견된 부패한 시민의 수갑 찬 모습을 보고

약효가 듣지 않는 이유를 고민하다가 두통을 느껴

방부제가 든 약을 먹는다

장독대

장독대를 보면 돌아가신 할머니 생각이 난다
어릴 때는 몰랐지만 할머니의 냉장고였던 장독대
할머니의 아침저녁 손길에 반짝이던 장독대

장독대는 추억을 찍는 사진관이다
네모반듯한 장독대 위에 올망졸망
어색하게 서 있는 간장독 된장독 소금독

할머니의 회갑사진 속에서 가장 앞줄에 서 있던 내가
어머니의 회갑사진 속에서 가장 뒷줄에 서 있던 내가
어느덧 나의 회갑사진 속에서 가장 가운데 앉아있다

할머니는 돌아가시고 장독대도 없어졌지만
가족사진을 보면 장독대가 생각이 나고
장독대를 보면 돌아가신 할머니 생각이 난다

고모님전상서

안녕하세요, 고모
참으로 오랜만에 인사드립니다

엄마가 스무 살에 시집왔을 때 고모는 겨우 다섯 살이었다지요
그래서 엄마는 가끔 고모는 시누이가 아니라
맏딸이나 다름없었다고 하셨지요
물론 우리 오남매에게는 큰누나이자 맏언니 역할을 하셨구요

제가 어렸을 때부터 엄마는 장사하러 아침에 나가면
밤에나 들어오셨으니 밥하고 빨래하고 동생들 키우는 것은
고모가 다 해야만 했지요
저는 장남이라서 고모가 하는 일을 조금 거들었는데
고모가 마을 앞 시냇가로 빨래하러 가면
사카린 묻힌 제 검지손가락을 동생 입에 물린 채
고모가 돌아오기만을 기다리던 날들을 지금도 잊을 수 없습니다

고모는 우리 남매들을 다 키우느라 서른이 넘어서야 결혼하셨지요
그런데도 혼수품을 잘해주지 못하는 당신 오빠에게

불평 한마디 하지 않았지요
그런 고모라서 그런지 다행히 고모부는 참 좋은 사람을 만났습니다
고모가 멀리 화순으로 시집가는 것은 서운했지만
고모부를 보고는 어린 제 마음이 다 놓일 정도였으니까요

어쩌다 고모네 집에 놀러 가면 고모는
〈할머니는 아직도 정정하시냐, 자식들보다 오래 살까 걱정이다〉
하시며 엉뚱한 걱정을 하곤 했었지요
할머니 성격이 워낙 괄괄하시니 당신의 어머니보다 오히려
우리 엄마 걱정을 하던 고모였습니다
그런 고모가 첫딸은 낳자마자 며칠 안 되어 잃고 아들만 둘 두었는데
장남이 또 손자만 둘을 낳았으니 고모는 딸 복은 없나 봅니다
대신 고모는 딸 같은 며느리를 두어 외롭지 않을 거라고 믿어봅니다

제가 제대 직후 할머니를 모시고 강원도 삼척까지
고모를 뵈러 간 적이 있었지요
그때 당시 아장아장 걸어 다니던 맏아들 연이가 장가를 가서
얼마 전에 낳은 조카를 보니 영락없이 지 아빠를 빼닮아서

저절로 웃음이 나오더라구요

생각해보면 그 시절이 엊그제 같은데 벌써 한 세대가 흘러

고모도 이제 칠십을 넘긴 할머니가 되었네요

저도 육십이 넘었지만 늙어가는 고모의 모습을 보면 슬퍼집니다

나이가 들어갈수록 고모에 대한 고마움은 깊어지지만 그 은혜는

조금도 갚지 못하고 있으니 죄스럽기만 합니다

이제 밤이 깊었으니 한마디만 더 하고 그만 줄여야 할 것 같아요

〈고맙습니다, 고모〉

두서없는 말 대신 고맙다는 인사만 기억하시고,

부디 건강하게 오래 사세요, 고모

청소기 명상

한 번 충전하면 최대 100분은 쓸 수 있다던 청소기가 요즘 들어 부쩍 말썽을 부린다, 일하다 말고 갑자기 방전되어 뻗어버리니 벤치멤버로 쓰기에도 불안하다. 구석에 쪼그리고 앉아 있는 그를 보고 있노라니 불현듯 나 역시 그와 마찬가지 신세라는 생각이 든다

비싼 전기만 잡아먹고 펑펑 놀고 있으면서도 얼마나 당당한지 모른다
마주칠 때마다 하는 말이 충전 중이란다
더 멀리 뛰기 위해 잠시 웅크리고 있는 것이란다

물론 나도 이해는 한다
삼십 대와 육십 대가 다르다는 것을 안다
나이만 먹었지 아직은 젊은 사람 못지않다고 과신하다가 큰코다친 사람을 숱하게 보았다
그러나 100세 시대에 60세라면 이제 겨우 인생의 중턱을 넘은 것이 아닌가

포기하기에는 아직 이르다고 생각한다. 가다가 힘들면 쉬었다 가고, 고장이 나면 고쳐서 쓰자고 다짐한다. 불편하고 짜증이 나더라도 주어진 운명을 받아들이는 것, 그것이 곧 인생이라고 선언한다

추억의 소리를 찾아서
-세탁소집 아저씨와 구둣방 집 아저씨를 추억하며

    학창 시절 이사한 지 얼마 안 된 아파트에서 매일 아침 염소 우는 소리가 들렸다. 밤을 새우고 새벽에야 잠이 드는 나에게 오전은 언제나 꿈길이었다. 떠나온 고향이 그리운 것도 아니건만 눈만 감으면 환청처럼 들려오는 메에에에에에~~~, 그리고 이어지는 죽비소리에 눈을 뜨다가 다시 감았다. 궁금증보다 눈꺼풀이 무거운 시절이었다

    그러던 어느 날 아침 우연히 염소 소리의 주인을 만났다
    복도 저쪽 끝에서 소리치는 한 사람,
    뜻밖에도 그 소리는 잠결에 듣던 염소 울음이었다

    서울 시내 한복판에서 염소처럼 울부짖는 모습이라니 ……,
    나는 대낮에 등불을 들고 사람 찾는 광인을 연상하면서 잠시 넋을 놓고 구경하였다

그런데 들다 보니 그것은 염소 울음소리가 아니라 사람의 말이었다

세에에에에에~~~, 탁!

한 번 들으면 도저히 잊을 수 없는 세탁소집 아저씨의 높고 가늘게 이어지는 떨리는 음성, 그것은 탁월한 동물 성대모사였다

이후로 나는 두 사람을 좋아하게 되었다. 한 사람은 당연히 세탁소 집 염소 아저씨요, 또 한 사람은 구둣방 집 신딱새 아저씨였다. 그분은 늘 "신딱세 신딱세, 신딱세 신딱세"라고 외치면서 아파트를 돌아다니는 데 그 소리는 마치 딱따구리 소리처럼 들리지만 나는 그냥 신딱새 아 저씨라고 불렀다. 두 분의 그 육성을 얼마나 따라 했던지 지금도 가끔 은 유행가의 한 토막처럼 입속에서 맴돈다

술 시합

젊은 날의 술 시합
그게 무슨 자랑이라고
나는 국가대표가 되어
소주를 마셨다

밑 빠진 독처럼 부어도 부어도
만족을 모르는 위대하신 장군님
밤새도록 마셔도 취기는 오르지 않고
바닥을 드러내는 술병들

하나둘 세어볼 것도 없이
볼링핀처럼 세워놓은
빈 병이 합쳐 모두 열 개

내가 먼저 볼링공을 굴렸다
스트라이크!
〈이래도 해볼 테냐?〉

적장의 목을 벤 장수처럼

의기양양 칼을 높이 쳐들지만

시합은 언제나 그렇듯이 삼시세판

끝나지 않는 술 시합에

승부는 가리지 못하고

깜빡 죽었다가 다시 살아나는 날 아침에도

아픈 머리를 감싸 쥐며

쓰러진 술병을 다시 세웠다

그리고 다짐했다

〈사나이 가는 길에 포기란 없다,

끝장을 볼 때까지〉

해로운 것은 빨리 없애야 한다며

사명감으로 고군분투했던 술 시합

젊어서 몰랐을까

승자는 언제나 술이었다는 것을

동해 망상(東海 望祥)

처음엔 한 마리 돌고래인가 싶더니
나중엔 갑자기 한 무리 함대가 되어
해안 가득 상륙하는 파도, 파도!

누가 오라던가
누가 오라고 했던가

파도! 그들은 무슨 까닭으로 저기 바다에 있지 않고
여기 해안으로 끊임없이 달려와서 장렬하게 전사한다

나는 이 바다를 얼마나 오랫동안 소망했던가
나는 이 바다를 얼마나 오랫동안 연모했던가

나는 먼저 간 그들을 그리며 이제야 바다에 왔다
뒤늦게 도착한 나는 그들의 환대까지 기대하진 않았다
그러나 바로 눈앞에서 당하는
이런 거부가
이런 놀람이
마침내는 하나의 슬픔이 되어
마침내는 하나의 허무가 되어
끝없이 끝없이 밀려온다
너희들은 이 바다를 얼마나 오랫동안 소망했더냐
너희들은 이 바다를 얼마나 오랫동안 연모했더냐

나는 안다고 믿었다
나도 안다고 믿었다

냇물이 쉬지 않고 강을 향해 나아가고
강물이 그 발걸음을 멈추지 않는 단 하나의 이유는
저기 어딘가에 바다가 있기 때문이었다

그렇게 도착한 바다에서
파도는 무슨 까닭으로 저기 바다에 있지 않고
여기 육지로 다시 와서 기쁜 듯이 죽고야 만다
모천(母川)을 찾은 연어들이 알을 낳고 죽어가듯이
겨우 모래 한입 물고 와서는 거품처럼 꺼지고 만다

얼마나 가고 싶은 바다였는데
얼마나 보고 싶은 바다였는데
마침내 바다에 와서
그들은 왜 다시 육지를 소망하는 것인가
그들은 왜 다시 육지를 연모하는 것인가

빨래집게 수업

교실은 언제나 벌통처럼 윙윙거렸다
애벌레들이 미리부터 비행 연습하는 소리다
선생님 앞에서도 그 소리는 멈추지 않았다

가정을 떠난 아이들은
절벽 아래로 던져진 독수리 새끼처럼
엉겁결에 사는 법을 배운다

선생님은 빨래집게를 하나씩 가져오라신다
그리고는 망나니들의 입에 재갈을 물렸다

날개 잃은 벌들은 더 이상 날지 않았다

목욕탕에서

우리 집 욕실에 펭귄 두 마리가 산다
나는 그냥 샴푸 군과 린스 양이라고 편하게 부르지만
사실 그들은 얼마 전에 결혼한 사이다

여태까지 나는 부부가 떨어져 있는 것을 본 적이 없다
금슬이 얼마나 좋은지 짓궂은 내가 억지로 떼어놓기 전까지는
팔짱 낀 두 손을 절대로 풀지 않는다

어떤 때는 얄미운 마음에 머리를 한 대 꽉 쥐어박는다
그러면 그들은 잽싸게 싱싱한 꽁치 한 마리를 손바닥에 쥐어주며
온갖 아양을 떤다. 부리 끝에 묻은 침도 닦지 않고 쏟아내는
그 순발력에 나는 웃지 않을 수 없다

애교 앞에 장사 없다
부드럽고 향긋한 마음이 담긴 애교에는 더욱 그렇다
그러나 낯선 타국살이에 서툰 한국말로 울먹거리는 그 모습에
눈물이 날 뻔한 적도 있다

그들에게 내가 해줄 수 있는 것이 뭐가 있겠는가
기껏해야 온몸을 구석구석 씻어 주고 닦아주고
원래대로 다시 팔짱을 끼워주는 것 말고는

칫솔의 운명

우리 집 식구는 모두 네 명이다
아빠와 엄마, 누나와 나
그렇게 넷이다
따라서 칫솔도 네 개다

칫솔에는 당연히 명찰이 없다
그래도 누구의 칫솔인지 모르는 사람은 아무도 없다
칫솔은 그 주인을 빼닮았기 때문이다

거실에서 티브이를 보듯 세면대 위에 누워있는 칫솔은 아빠 것이다
안방마님처럼 칫솔통에 반듯하게 서 있는 것은 당연히 엄마 것이고,
뭐가 불만인지 맨날 삐딱하게 서있는 것은 누나 것이다

그렇다면 내 칫솔은 과연 어떻게 알 수 있을까?
아마도 지금쯤 나처럼 따로 나와 턱걸이를 하고 있을 것이다

아빠는 요새 나이가 들어 깜빡깜빡하는지 '내가 아까 양치질을 했던가 안했던가' 하면서 칫솔을 만져보고 촉촉하면 '언제 했었나보네' 하면서 머리를 긁적인다

엄마는 칫솔을 청소솔로 착각하는지 가끔 이빨대신 수도꼭지를 닦아 나를 경악케 한다

누나는 도대체 양치질을 언제 하는지 모르겠다. 맨날 아까 닦았다느니 이따가 닦을 거라고 말은 하는데 내가 직접 본 것은 한 번도 없다.

자랑 같아 쑥스럽지만 우리 집에 모범생은 나밖에 없는 것 같다. 올바른 양치질 삼삼삼 법칙을 철저히 준수하고, 칫솔은 반드시 전용 살균기에 걸어놓으니 말이다.

칫솔도 사람처럼 제 나름의 운명이 있는가 보다

6

가을 하루, 시간의 흔적들

가을 하루, 시간의 흔적들

밤새 한 잠도 자지 못한 벽시계의 가쁜 숨소리에 늦잠을 깨면 지난 여름 창밖에서 기웃거리던 아침햇살은 환절기의 추위를 견디지 못하고 안방까지 들어와 졸음에 겨운 얼굴을 핥고 있었다

때가 되면 어김없이 울어대는 배꼽시계를 달래기 위해 삼종기도(三鐘祈禱) 드리러 간 백화점 식당에선 주방장 마음대로 시간이 만들어져 신자들의 원성(怨聲)으로 붐비고, 죄 없는 주방장을 대속(代贖)하듯 융통성 없는 자동길은 아이들과 어른들의 상반된 불평을 묵묵히 견디며 벽돌처럼 틀에 맞춘 시간을 옮기고 있었다

아무리 진수성찬이라도 범부의 점심은 한줌 마음 불 밝힌 것에 불과할진대 이제 막 하산한 도인인양 무염한 발걸음으로 도심을 거들먹거리는 강물을 경멸하듯 해시계는 붉어진 얼굴 찌푸린 채 꿋꿋이 진리를 전하건만 황금 같은 말씀은 누군가 들을 새도 없이 흘러가버리고 미처 말씀이 미치지 않은 밑바닥엔 녹슨 시간이 수북이 쌓여 있었다

백화점에선 아무도 시계를 보지 않았지만 간혹 말씀을 거스르는 물고기를 화두처럼 건져 올리던 왜가리의 명상으로 마침내 평온해진 강물 깊이 산 그림자 드리우면 하늘은 애도의 종소리처럼 장엄하게 번지는 순교자의 혈흔을 어루만지고 있었다

　하루 새 다시 자란 잡초를 턱수염처럼 쓰다듬던 바람이 서늘해지면 가을은 슬며시 고단한 몸을 누이며 두터운 솜이불을 덮고 있었다

미래의 제헌절 기념사

모든 국민은 선악도 시비도 구별 없이 모두가 평등하되 오로지 강자와 약자로만 차별되도다. 무엇이든 강자는 선하고 옳으며 약자는 악하고 그르도다. 그러므로 국민들이여! 강자에게는 환호를 약자에게는 냉소를 보낼지어다. (이상 서기 3000년 전부 개정된 대한민국 헌법 제 2장 국민의 권리와 의무 중 제 11조 전문)

지금으로부터 무려 100년 전인 서기 3000년, 선악과 시비가 사라진 대한민국은 마침내 위와 같이 강약의 두 계급으로만 구별되는 위대한 공식을 발견했다네. 세상에서 가장 단순명료한 공식으로 강자는 더욱 강해지고 약자는 더욱 약해지는 만유의 법칙을 증명했다네.

그런데 헌법을 개정한 지 불과 14년만인 서기 3014년 8월 14일 새벽 지중해 연안에서 발생한 강력한 태풍 〈올리브〉가 북동쪽으로 세력을 조금씩 확장하더니 그 사악한 야욕을 버리지 못하고 마침내 우리나라까지 넘보게 되었다네. 그리하여 선악도 구별 못하는 순진무구한 이 나라에 선을 선이라 말하고 악을 악이라 말하는 불순한 분리주의, 시비는 상관없이 사사로운 잇속만 챙기는 이 나라에 옳은 것을 옳다 말하고 그른 것은 그르다 말하는 불온한 근본주의, 권선은커녕 징악도 사라진 이 나라에 선은 권하고 악은 징계하며 강자는 타이르고 약자는 북돋는 악질적 선동주의를 동반한 일인삼색(一人三色)의 교활한 태풍 〈올리브〉가 헌법정신이 채 공고해지지 않은 이 땅을 휩쓸고 지나갔다네. 그럼에도 불구하고 우리의 위대한 선조들께서 이와 같은 위기를 슬기롭게 극복하고 헌법을 굳건히 수호하였기에 우리가 오늘과 같은 평등을 누릴 수 있게 되었다는 것을 결코 잊어서는 안 될 것이네.

서기 3100년 10월 3일 대한민국 최강자

항성의 비밀

혹시 길을 걷다가 의자에 앉아있는 노인을 본 적이 있소
천둥번개가 몰아쳐도 아무 일 없다는 듯 간난아이처럼
선한 눈망울만 천천히 굴리는 그 사람을 말이오
항상 무언가에 쫓기며 불안하게 살던 나로서는
붙박이 같은 그의 평정심이 궁금하지 않을 수 없었소.

이제부터 나는 그 노인에게서 듣게 된 비밀을
여러분께 알려주려고 하오

모든 변화는 움직임에서 오는 것이오
행성은 시곗바늘처럼 온몸으로 시간을 옮기며
그 변화를 직접 겪는 곳이오
오욕칠정은 오직 행성만이 갖는 속성일 뿐이오
항성은 시간을 모르오
시간을 모르니 변화도 모르오
부동심(不動心)은 부동(不動)에서 오는 것이오

그러니 항성으로 살 것인가
그래도 행성으로 살 것인가
선택은 여러분의 몫이오
이것으로 내가 하고 싶은 말은 다 했소

해변의 화가

영원한 것은 없다
언젠가는 모두 사라진다
그림을 지우는 것은 파도가 아니다

하루살이도
한해살이도
모래위의 그림처럼 사라진다
백 년을 살아도
천 년을 살아도
결국은 모두 사라진다
시간은 모든 흔적을 지워버린다

삶은 순간을 누리는 것
행복은 삶의 희열을 느끼는 것
지금 이 순간 행복하다면
영원도 불변도 구하지 않는다

행복은 찾는 것이다
모래밭에서라도 찾아야 한다
삶이 곧 거친 파도에 잠길지라도
지금 이 순간은 행복해야 한다

당산나무

당산나무가 울고 있었다
오백 살 먹은 당산나무가 울고 있었다

오백 년 이어온 마을은
빌딩숲으로 사라지는데
마을을 지키지 못한 당산나무
홀로 남아 울고 있었다

서까래처럼 드리웠던 가지는 썩어 문드러져
더 이상 그늘을 만들지 못하고
한때의 위용을 증명하듯 거대한 몸통만이 겨우 남아서
미라처럼 말라가는 날들을 울고 있었다

토박이는 뿔뿔이 흩어져 망각 속으로 사라지고
황금만이 유일신인 도시에서는
당산나무를 울타리에 가둬놓은 채
자본주의의 요염한 모델인양 바라보고 있었다

미륵사지(彌勒寺址)

미륵님 오실 날 언제일까
천년토록 발길은 이어지는데
풍진은 잔 적이 없고
신기루처럼 저기 멀리서만
아른거리는 용화수

삼배받기

오늘은 내가 부처님 되어
대중들의 삼배를 받는 날

보살은커녕
도반(道伴)대접도 부끄러운데
부처님처럼
정성스러운 삼배 받으니
하염없이 눈물만 솟구칩니다

내 비록
중생의 삶을 살았을지라도
지금 이 순간
부처로 대접받는 지금 이 순간
부처된 마음
챙겨 간직하노니

중생의 하심(下心)은
고승의 법어보다도
선승의 화두보다도
위없는 법륜인지라

어둔 마음 내려놓으면
당장이라도
가슴 툭 터진
기쁨이 넘치옵니다
굴신(屈身)의 환희로
얼굴 가득
미소가 번지옵니다

서산 마애 삼존불 앞에 서서

차라리 저의 불경(不敬)을 벌 하소서

삼세(三世)를 아우른 미스코리아 진선미,

성불은 먼 훗날 다음 생으로 미루고

지금은 오직 당신만을 생각하노니

오동통한 두 볼에 번지는 온화한 미소

행복에 겨운 눈초리는 순박도 하여

첫눈에 한숨짓게 하는 분이시여,

경배는 다른 이에게서 받으시고

제게는 오직 사랑만을 허락 하소서

풍경(風磬)

물 떠나
산사(山寺)에 깃든 물고기
처마 끝에 일생을 걸고
사시사철 불철주야 잠 못 드는데
습기 먹은 바람은
미망(未忘)의 물속인양
실낱같은 번뇌에도
쉼 없는 파문이 이네

나 홀로 강둑을 거닐면

길은 강을 따라가고
사람은 강물처럼 흘러가니
쉼 없는 길가엔 빈 의자
먼지만 수북이 쌓여있네

저마다 가는 곳 어딘지 알 바 없어
한가로이 나 홀로 강둑을 거닐면
종이배처럼 표류하던 청둥오리
소스라치게 날개를 펴네

갈 곳 없는 내 그림자
발걸음 떼지 못하고
새들이 날아가는 곳
하염없이 바라보는 건

나는 새가
부러워서 그럴 것이네
아마도 그럴 것이네
멀리 가는 사람보다
높이 나는 그 새가
부러워서 그럴 것이네

부축의 조건

그대, 어디 불편한가요?
금방이라도 넘어질 듯 온몸이 흔들립니다

아! 저런 쯧쯧!
한쪽 다리를 절고 있었군요

제가 부축해드리리다
당신 팔을 제 어깨 위에 걸치세요

아니, 잠깐만요!
당신의 어깨는 제 머리보다 한참 위에 있습니다

부축을 받으려거든 제발
무릎이라도 구부리셔야죠

구절초 축제

-정읍 산내 구절초 테마공원에서

천문대는 왜 깊은 산속에 있는지
여기 와보니 알겠네

하늘에는 별들이 얼마나 많은지
여기 와서 알았네

산이 깊을수록 구절초 절색이라고
산 밖에서 보는 꽃과 산속에서 보는 꽃은 별개라고
남녀노소 할 것 없이 모두 다 찾아왔네

들마다 들꽃 피고 산마다 산꽃 피어
온 세상이 꽃천지라도
산내에서 피는 꽃이 최고라네

차라리 흘러가는 강물이 될지언정

차라리 흘러가는 강물이 될지언정
우두커니 서 있는 나무가 되지는 말자
흘러가는 것은 떠나면 그만이지만
떠날 수 없는 사람은 나무처럼 그곳에 서서
한참을 울어야 한다

차라리 흘러가는 강물이 될지언정
우두커니 서 있는 나무가 되지는 말자
흘러가는 것은 떠나면 그만이지만
떠날 수 없는 사람은 나무처럼 그곳에 서서
이별을 견뎌야 한다

차라리 흘러가는 강물이 될지언정
우두커니 서 있는 나무가 되지는 말자
흘러가는 것은 떠나면 그만이지만
떠날 수 없는 사람은 나무처럼 그곳에 서서
평생을 기다리고 있어야 한다.

권태

바람 한 점 없고
구름 한 점 없고

새 한 마리 날지 않고
전화 한 통 오지 않고

우렁찬 시계소리에
낮잠도 오지 않고

조삼모사(朝三暮四) [1]

아지매요

이게 뭐꼬

빨강기 사과

사과 아이가

억수로 맛있겠네

네 개 이천 원

자자

사과 사러 오이소 사과

네 개 이천 원

아지매요

이게 뭐꼬

빨강기 사과

사과 아이가

억수로 맛있겠네

빨리 오소

거저다 거저

이거 원가가 얼매고

에라이 모르겠다

만원에 스무 개

단 돈 만원에 무려 스무 개

아무거나 골라 담아 스무 개

이래도 안 올끼가

---

1) 이 시는 오래전 어느 시장통에서 호객행위하는 사람의 말을 듣고 기억을 더듬어 써본 것임.

봄은 빛으로 온다

봄은 빛으로 온다
어두웠던 마음속 환히 밝히는
푸른 하늘 흰 구름 영롱한 빛깔
부스스 실눈 뜨듯 아늑한 햇살

봄은 소리로 온다
잠들었던 생명들 모두 깨우는
맑은 연못 물방울 소리
돌돌돌 계곡산개구리 울음

추풍낙엽

– 갑오농민혁명 1주갑을 맞이하여

가을바람에 낙엽이 지듯
사람들의 모가지가 그렇게 떨어졌다대
갑오에서 병신까지 내리 삼 년을
가을바람에 낙엽이 지듯
살아있는 모가지가 그렇게 떨어졌다대

가을바람에 흩어지는 낙엽처럼
잘려버린 모가지가 그렇게 많았다대
호남에서 영남까지 삼남이 두루
가을바람에 흩어지는 낙엽처럼
나뒹구는 모가지가 그렇게 많았다대

빈 그릇

아무것도 가진 게 없어 그릇을 하나 빚어놓았다
넣을 것도 없으니 그냥 비워 둘밖에
그래도 깨질세라 어루만지면 근심만 하나 늘려 놓았다

내가 빚은 빈 그릇 그 좁다란 공간 속에는
온갖 세상 잡다한 일들로 가득 채우고 다시 비우고
세월이 흐른 뒤에 들여다봐도 그릇은 언제나 텅 비어 있다

강강수월래

강강수월래
강강수월래

빙글빙글 돌다보면
다시 그 자리

오호라!
인생도 그렇다네

껑충껑충 뛰다보면
다시 또 청춘

강강수월래
강강수월래

조용중 세 번째 시선집

채석강 별곡

초판 발행 2024년 8월 5일

지은이 조용중
펴낸이 방성열
펴낸곳 다산글방

출판등록 제313-2003-00328호
주소 서울특별시 마포구 동교로 36
전화 02-338-3630 / 070-8288-2072
팩스 02-338-3690 / 02-6442-0292
이메일 dasanpublish@daum.net
　　　　iebookblog@naver.com
홈페이지 www.iebook.co.kr

© 조용중 2024, Printed in Korea

ISBN 979-11-6078-312-4 03810

* 이 책은 저작권법에 의해 보호받는 저작물이며, 저자와 출판사의 서면 허락 없이
　 내용의 전부 또는 일부를 인용하거나 발췌하는 것을 금합니다.
* 제본, 인쇄가 잘못되거나 파손된 책은 구입하신 곳에서 교환해 드립니다.
* 책값은 뒤표지에 있습니다.